What happens **next**? Circle the picture.

Draw lines to what the clown is wearing or holding.

Circle **2** pictures that **go with** the first one.

Cross out what **does not belong**.

Draw lines to show where the items **belong**.

Draw lines to show where the items **belong**.

Circle the picture that shows why this happened.

Circle the picture that shows why this happened.

Draw lines between the hats that match.
Which hat **does not** have a match? Circle it.

Draw lines between the shoes that match.
Which shoe **does not** have a match? Circle it.

Draw what comes **next** in each pattern.
Color your patterns.

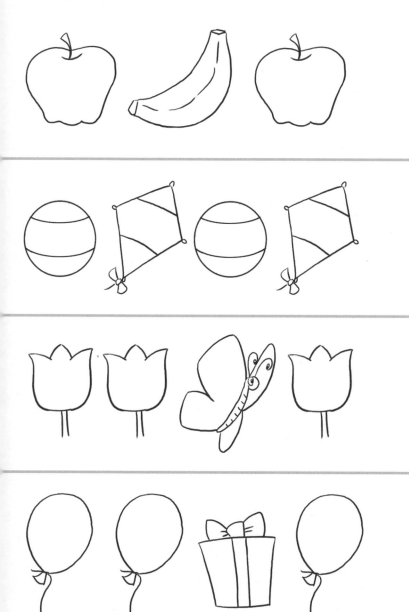

Draw what comes **next** in each pattern.
Color your patterns.

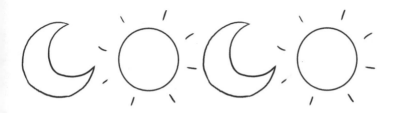

Cross out **5** animals that are **not alive**.

Find and circle the pictures.

corn   **soup**   **bread**   **milk**   **apple**

sunny   windy   rainy   snowy

Circle the weather.

Circle how you would feel.

happy   **sad**

scared   **sad**

happy   **surprised**

happy   **sad**

Circle the letter that comes **next**.

A B C D   F
              E

F G H I   J
              K

K L M N   O
              D

P Q R S   M
              T

U V W X Y   R
                 Z

Circle the word that is the **same** as the first one.

fun	sun	fun
big	dig	big
can	can	ran
win	pin	win
cat	cat	sat
ball	tall	ball

Say the names of the pictures.
Write the letters to make **short a** words.

| bat | cat | fan | hat | pan | van |

_____at

_____an

_____at

_____an

_____at

_____an

Say the names of the pictures.
Write the letters to make **short e** words.

Short e sound as in **nest**

| bed | bell | net | pen | web | well |

_____en

_____ell

_____eb

_____ell

_____ed

_____et

Say the names of the pictures.
Write the letters to make **short i** words.

Short i sound
as in **igloo**

| six | dish | wig | pig | fish | dig |

6

____ix

____ig

____ish

____ig

____ish

____ig

Say the names of the pictures.
Write the letters to make **short o** words.

Short o sound
as in **octopus**

| hot | doll | top | fox | mop | box |

_____op

_____ox

_____op

_____ox

_____oll

_____ot

Say the names of the pictures.
Write the letters to make **short u** words.

Short u sound as in **umbrella**

| bus | cup | bug | sun | rug | hug |

_____up

_____ug

_____us

_____ug

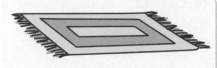

_____un

_____ug

23

Say the name of each picture.
Circle the picture whose name has each **short vowel** sound.

short a

short e

short i

short o

short u

24

Say the name of each picture.
Circle the **short vowel** sound heard in each word.

a e i o u

a e i o u

a e i o u

a e i o u

a e i o u

A **long vowel** says its own name.

cake   tree   hive   rope   mule

Say the name of each picture.
Circle the picture whose name has each **long vowel** sound.

long a

long e

long i

long o

long u

Say the name of each picture.
Circle the **long vowel** sound heard in each word.

a   e   i   o   u

a   e   i   o   u

glue

a   e   i   o   u

a   e   i   o   u

a   e   i   o   u

Say the name of each picture.
Write **t** or **n** to begin each word.

_____op

_____ent

_____est

_____ut

9

_____ine

10

_____en

Say the name of each picture.
Write **m** or **p** to begin each word.

_____om

_____ig

_____an

_____an

_____ie

_____op

Say the name of each picture.
Write **d** or **t** to end each word.

be_____

goa_____

ca_____

bir_____

da_____

boa_____

Say the name of each picture.
Write **m** or **n** to end each word.

su____

gu____

moo____

he____

dru____

fa____

Draw lines to match the **action words**.

slide

climb

climb

jump

dig

slide

jump

dig

Draw lines to match the **action words**.

run

swing

fly

hop

swing

fly

hop

run

Open is the **opposite** of closed.

Draw lines to match the **opposites**.

happy

cold

day

sad

small

big

hot

night

34

Draw lines to match the **opposites**.

empty

off

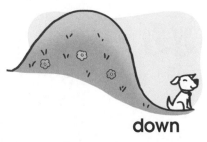

down

full

top

bottom

on

up

Hat **rhymes** with cat.

Circle the pictures whose names **rhyme**.

mitten

pear

bear

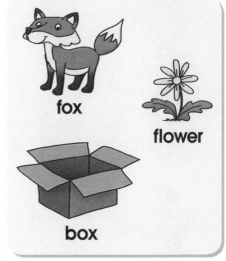

fox

flower

box

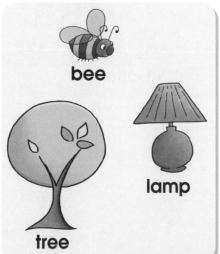

bee

tree

lamp

cupcake

nail

whale

Circle the pictures whose names **rhyme**.

cat hat fish bat

apple house mouse ball

coat crayon goat boat

fan can pan pie

Draw lines to match the **rhyming words**.

duck

key

fox

cake

bee

truck

snake

box

Draw lines to match the **rhyming words**.

mouse

star

car

house

cat

boat

goat

hat

high   **low**   **left**   **right**

Circle the correct words to finish the sentences.

The ✈ is flying _____.   **high**   **low**   **left**   **right**

The 🕊 is flying _____.   **high**   **low**   **left**   **right**

The 🚚 is turning _____.   **high**   **low**   **left**   **right**

The 🚚 is turning _____.   **high**   **low**   **left**   **right**

Where is the bird?

over   **under**   **inside**   **by**

Circle the correct words to finish the sentences.

The 🐦 is ___ the doghouse.   **over**   **under**   **inside**   **by**

The 🐱 is ___ the doghouse.   **over**   **under**   **inside**   **by**

The 🐭 is ___ the doghouse.   **over**   **under**   **inside**   **by**

The 🐶 is ___ the doghouse.   **over**   **under**   **inside**   **by**

Underline the sentences that go with the pictures.

A fox can run.

A fox can fly.

A frog can fly.

A frog can hop.

A deer can jump.

A deer can dig.

A bird can hop.

A bird can fly.

A duck can swim.

A duck can hop.

Underline the sentences that go with the pictures.

I see one.

I see two.

I see it going up.

I see it going down.

It is long.

It is short.

I see it going up.

I see it going down.

It is big.

It is small.

Underline the sentences that go with the pictures.

I see a ball.

I see a dog.

I see a doll.

I see a ball.

I see a boat.

I see a dog.

I see a doll.

I see a boat.

Underline the sentences that go with the pictures.

I see an apple.

I see some toys.

I see a dog.

I see a dog.

I see an apple.

I see some toys.

I see some toys.

I see a boat.

I see an apple.

I see some toys.

I see a dog and an apple.

I see a dog and some toys.

Match the sentences to the correct pictures.

I am soft.

I am a toy.

I am a zoo animal.

I am a number.

I am a bird.

Underline the sentences that tell what you see in the picture.

There are two horses.

There are four balls.

There is a barn.

There is one goat.

There is a girl.

Write the word **you** to complete each sentence.

We think _____ did a good job.

Now _____ know more words.

This will help_____ read.

Do _____ like to read?

What kind of books do_____ like best?